Lleisiau

Hawlfraint y Cyhoeddiad: Atebol Cyfyngedig 2022
Adeiladau'r Fagwyr, Llanfihangel Genau'r Glyn, Aberystwyth,
Ceredigion SY24 5AQ

Dyluniwyd gan Owain Hammonds
Argraffwyd gan Argraffwyr WPG, Y Trallwng

ISBN 978-1-80106-298-5

Os am ganiatâd i berfformio'r ddrama hon, cysyllter â'r cwmni
Theatr Bara Caws, Uned 1A, Cibyn, Caernarfon, Gwynedd LL55 2BD
Ffôn 01286 676335 / e-bost: linda@theatrbaracaws

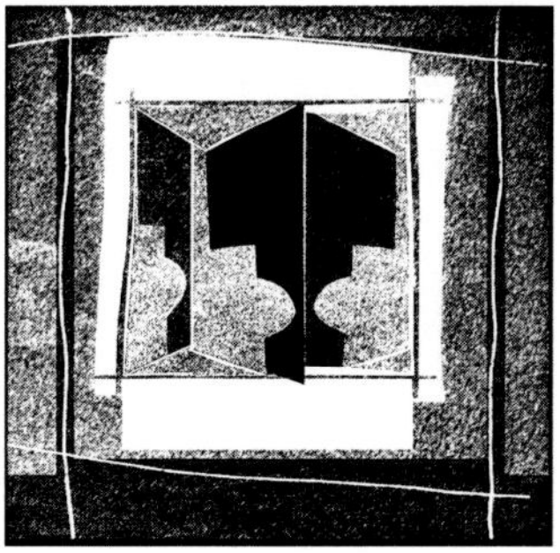

Lleisiau

Tair drama fer gan
Aled Jones Williams

Perfformiwyd am y tro cynta' gan
Theatr Bara Caws Gorffennaf 2022.

Cast a Chriw:

Mynd i'r Wal	Maureen Rhys/ John Ogwen
O.Myfanwy	Valmai Jones/ Dyfan Roberts
Y Dyn Gwyn	Cefin Roberts

Cyfarwyddo	Betsan Llwyd
Set	Emyr Morris-Jones
Gwisgoedd	Lois Prys
Coreograffi	Catherine Young
Goleuo	Carwyn Rhys
Sain	Berwyn Morris-Jones
Camera	Dafydd Hughes
Sain Ffilm	Aled Hughes
Gweinyddu	Linda Brown
	Mari Emlyn
	Stephen Williams

Cyngor Celfyddydau Cymru
Arts Council of Wales
Noddir gan Lywodraeth Cymru
Sponsored by Welsh Government
Noson Allan
Night Out
Cyngor Gwynedd Council
Conwy
Cyngor Bwrdeistref Sirol
County Borough Council
Cyngor Sir Ynys Môn
Isle of Anglesey County Council

Rhagair

Ar y cyfan – nid bob tro – ond ar y cyfan yr wyf fi wedi ysgrifennu i gyfeiliant lleisiau actorion neilltuol. Llais Maldwyn John. Llais Owen Arwyn. Llais Ffion Dafis.

Dyna sydd yn y dair dramodig hyn – neu nid-cweit-monolog fel yr hoffaf eu galw. Flynyddoedd yn ôl gofynnodd Cefin Roberts i mi am 'rywbeth.' Cefais lythyr, eto flynyddoedd yn ôl, oddi wrth John Ogwen yn holi a oedd gen i waith y medrai ef a Maureen Rhys ei berfformio. Ers tro yr oeddwn wedi meddwl am ysgrifennu rhywbeth yn benodol ar gyfer Valmai Jones.

Aeth y blynyddoedd heibio.

Wedyn digwyddodd y pla a'r cau lawr. Yn od iawn ar ddechrau'r cyfnod enbydus hwnnw daeth delweddau i mi. Dyn o'i ben i'w sawdl mewn gwyn yn erbyn wal wen. Dynes yn cael ei harteithio. Gwraig grand brysur-brysur yn mynd drwy ddŵr a thân yn ddyddiol i hel neges, ei gŵr wedi ei gaethiwo mewn wal. Gwyddwn mai ar gyfer Cefin, Val, John a Maureen fyddai'r rhein. Ynof clywais eu lleisiau. Llais Cefin a glywais flynyddoedd lawer yn ôl mewn cyfieithiad Cymraeg o *The Admirable Crichton* ar lwyfan Ysgol Dyffryn Nantlle. Lleisiau John a Maureen a glywais ar lwyfan Theatr Gwynedd yn y ddrama *Alffa Beta*, cynhyrchiad, action a drama a wnaeth i mi fod eisiau bod yn ddramodydd. Llais Val yn adrodd darnau o fy ngweithiau i wrth iddi eu cyfarwyddo. Roedd yr ysgrifennu, felly, yn rhyw lun ar dalu dyled i bob un ohonynt.

Am y themâu – nid wyf erioed wedi bod yn hapus ynglŷn â thrafod themâu fy ngweithiau, eraill sydd wedi gwneud hynny; 'sgwennu o ddelwedd a wnaf fi nid o thema – mae'n debyg fod rhaid cofio cyfnod yr ysgrifennu: y pryder, yr ofn, yr ansicrwydd a deimlwyd gan laweroedd ar y pryd. Y mae pryder, ofn, ansicrwydd yn hydreiddio'r gweithiau hyn. Ond nid dramâu Cofid ydynt! Cofier hynny. Pryder, ofn ac ansicrwydd yr wyf fi wedi ei deimlo ar hyd y bedlan, Cofid neu ddim. Hynny sydd yn uno'r gweithiau newydd hyn, hynny sy'n rhoi iddynt y teimlad o 'ddilyniant.' Rhyw drioleg emosiynol.

Ond hefyd hiwmor – ein hachubydd mawr! Hiwmor cosmig a ddelir gan yr adnod: 'Yr hwn sydd yn preswylio yn y nefoedd a chwardd.'

Y mae un dylanwad mawr tu ôl iddynt. Drama Caryl Churchill: *Escaped Alone* – un o weithiau theatrig gorau y degawd diwethaf. Y mae ysbryd – ac y mae yna ysbryd i bob gwaith llenyddol o bwys – y ddrama honno'n hawntio'r gweithiau hyn. (Gwaith i rywun: cyfieithu *Escaped Alone* i'r Gymraeg a'i pherfformio.)

Bara Caws – cwmni fy nghalon ar sawl ystyr – sy'n cyflwyno. Ac mae hynny'n fy mhlesio'n fawr.

Tan tro nesa',

Aled
Mai 2021

MYND I'R WAL

gan
Aled Jones Williams

Cymeriadau: **Musus**
Wali MacCafyti

*Mae **Musus** eisoes mewn cadair wicyr yn tynnu o bortmanto hetiau i'w harchwilio gyda'r bwriad o ddethol un arall arbennig i'w gwisgo y diwrnod arbennig hwn. (Y mae hi wedi ei gwsigo mewn du – du galar – ac fel yna y mae hi'n aros gydol y dweud). Ond eisoes am ei phen y mae'r het grandia a welwyd erioed. Y mae pob un o'i diwrnodiau yn ddiwrnod arbennig yma yng nghaethiwed ei hystafell. Trwy'r deud y mae hi'n newid het o bryd i bryd. (Awgrymwyd rhai mannau ond hyn i fyny i'r actor). Parhau i ddidoli ei hetiau. Cofio. (Tôn y deud yn amrywio o'r sbriwsiog i'r lleddf, o'r prysur i'r digalon: yr actor i benderfynu). Ar ôl pob / mae Wali'n deud y geiriau ar y cyd â **Musus**. Yr / nesaf yn dwad â'i gyd-ddeud ef i ben.*

Musus: Be' / 'da chi'n neud yn fanna? /, medda fo. Swancio!, medda fi ar 'n union heb feddwl dim. / Be' ddudsoch chi? /, medda fo'n dynwared anghrediniaeth. Dyma finna'n pendroni. A medda fi ar f'union wedi dalld: "Yr hen fochyn budur i chi yn camgwlad fel arfar".

Wali: 'Da chi'n ddigon o ryfeddod os cai ddeud,

Musus: Medda fo wedyn hefo rhyw dynerwch mawr. 'Does 'na'm byd o werth i mi tu allan erbyn rwan. Os nad ydy hi'n lifogydd mae hi'n wyntoedd; ac os nad ydy hi'n wyntoedd ma' rhyw anfadwch ar bawb; ac os nad ydy nhw'n crïo ma' nhw'n tisian. Felly aros i mewn bydda i. Gneud'n hun yn grand. Swancio! *(Codi ei bys i gyfeiriad **Wali** nad ydy o i'w weld yn unman, wrth gwrs).*

Feddyliodd hi mai cyw jac-y-do wedi disgyn o'i nyth oedd o. Ond mi fyddai'n mynd i'r siop fara lle mae'r shilffoedd wastad yn weigion – rhag ofn. "Sgynno chi Hovis fach a Hovis fawr, torth wen a'i chrystyn hi wedi cipio, tair donut, cacan sbynj enfys hefo eising a hyndryds an' thousands ar 'i phen 'i?", fyddai'n holi PritchardBachShop. "Nagoes", fydd o'n 'i ddeud, 'i ddulo fo'n anwylo'r mashîn gun ar y cowntar, un lygad wedi cau, y llall ar agor yn sbïo drwy'r be-da-chi'n-galw yn barod i danio ar unrhyw fusutor ddutha drwy'r drws i chwilio am fara. "'Da chi'n meddwl, Mr Pritchard Bach, 'n bod ni wedi'n cyfiawnhau drwy ffydd yn unig?", fyddai'n 'i holi o bob tro. "Nacdan siŵr dduw", fydd o'n 'i ddeud yn carthu fflemsan o'i wddw i'w geg a'i llyncu hi'n ôl. "Ddoi nôl am yr Hovis", fyddai'n 'i ddeud yn mynd allan. "Myfi yw'r Alffa a'r Beta", fyddai'n 'i ychwanegu a fynta'n gweiddi i'w chefn hi, "Allan o ffor' â chi neu mi fydd 'na fwlat yn 'ch tîn chi." A dyna'r unig dro yn yr wsos y byddai'n mentro o'r lle 'ma, heblaw am y troeon erill y byddai'n mynd allan, wrth reswm, i hel negas. A bob tro ca'l a cha'l i gyrraedd yn ei hôl cyn i'r hen dacla 'na drïo rwbath. "Is it acid rain again", fydd Mr. Hamilton Proctor yn y fflat lawr grisia' yn ei holi hi, 'i wynab o'n dylla mân i gyd fel gogor ar ôl y tro dwutha hwnnw, pan glyw o hi'n dwad yn ôl i'r honglad tŵr 'ma lle gutho nhw gyd 'u gyrru, 'i gwynt hi mewn un dwrn a charn y gyllath yn y llall – cyllath comando'i thad o rhyfal. "No, I don't think so, only dead cats and dead dogs everywhere", fyddai'n ddeud wrtho fo, ond yn cadw'n ddistaw am y ddwy hen wraig a'r ffyn wrth 'u hochra nhw yn yr aliwê, 'u cyrff nhw'n dechra madru a ll'godan fawr yn ca'l ffidan dda ar glun un ohonyn nhw. A wedi dwad yn ôl mi fyddai bob tro'n adrodd yr Ein Tad i gyfeiliant y teciall yn berwi. Os rho' i ddigon o ddŵr yn y teciall ar gyfar dwy banad – te mewn cwpan tjeina nid myg – er gwaetha pob dim mae isho cadw steil, felly cwpan tjeina – ac adrodd yr Ein Tad yn ara' ond yn gwbwl ddidwyll mi fydd clic switj y teciall ar ddiwadd berwi a'r Amen yn digwydd 'run pryd â'i gilydd. Mae'n hen gyfarwydd â'r amseru erbyn rwan, ac os y byddai'n meddwl fod yr Amen yn mynd i gyrraedd cyn diwedd y berwi mi fyddai fel arfar yn ail-adrodd 'A maddau i ni ein dyledion fel y maddeuwn ninnau i'n dyledwyr', a mi fydd hynny'n gneud y tric, a chlic y switj a'r Amen mewn cytgord fel petai nhw'n odli â'i gilydd.

Musus *yn gwneud siâp ceg y geiriau – ac yngan yn uchel ambell i air – y rhai a danlinellwyd)*

Wali: Am be' da chi isho maddeuant 'lly? 'Da chi'n berffaith. I bwy 'da chi mewn dylêd? Swni'm yn poeni ffadan beni am y peth. Mae dyled yn dda i'r economi. 'Sa hi'n draed <u>moch</u> tasa pawb yn talu'i ffor'. 'Sa chi wedyn wedi dileu y gwahaniaeth angenrheidiol hwnnw i unrhyw economi <u>iach</u> rhwng y tlawd a'r cyfoethog. Dwi'n dal yma gyda llaw.

Musus: Fel o'n i'n deud cyn i mi gael fy intyryptio. Feddyliodd hi mai cyw jac-y-do wedi syrthio o'i nyth oedd o. A'r sŵn curo 'ma yn y lle tân, neu o leia' yn be' oedd ar un adag yn le tân oherwydd fod y difelypyrs, wrth droi'r tŵr 'ma'n fflatia, wedi cau'r gratia' i gyd hefo tjip bórd tsjîp – O! gowch mi ddeud hwnna eto: tjip bórd tsjîp O! A felly mi glywodd y sŵn curo 'ma. A mi gofiodd pan o'dd hi'n hogan fach i'r un peth ddigwydd adra ac i'r cyw jac-y-do 'ma fflïo o'r grât i'r parlwr nes maeddu'r walia hefo huddug' ac i'w nain daflyd cadach sychu llestri am 'i ben o wrth ddeud "Ty'd yma'r diawl", a chydiad yno fo, ac wrth neud ma' raid 'i bod hi wedi gneud rwbath i'w wddw fo oherwydd er iddi hi ei ryddhau o i'r 'rar' fflïodd o 'rioed wedyn, 'mond cerddad hyd lawr yn yr 'ar' yn ysgwyd 'i ben o ochor i ochor fel tai 'na ryw gric mwya' diawledig yn 'i wddw fo ar ôl i'w nain 'i manhandlo fo. Felly 'doedd ryfadd iddi feddwl mai cyw jac-y-do oedd hwn hefyd yn dobio'i adenydd mewn ffrystreshyn a fynta wedi crwydro i'r cafiti wôl o'r lle tân oedd y difelypyrs wedi ei gau hefo O! tjip bórd tsjîp. A mi fyddai wedi tawelu 'i hun hefo'r esboniad yna a byw hefo'r dobio tan iddo fo'n hwyr neu'n hwyrach drengi, bechod hynny hefyd, onibai iddi glwad o'r wal, "Be' / 'da chi'n neud yn fanna?" Mi wyddai wedyn fod 'na rwbath mwy na cyw jac-y-do yn y walia'. Felly mi droth at y Gwaredwr am solas a deall ar yr un pryd be' oedd wedi bod ynghynt yn ddirgelwch mawr iddi sef, pam fod y Gwaredwr wedi 'i dewis hi yn hytrach na rhywun arall rhyw un bora Gwenar a hitha carid-awê fel mae rhywun pan maen nhw'n noethlymun weithia ac ar 'i penna'i hunan hefo digon o amsar i sbario wedi gadael i'r tôst losgi ac yn lle 'i daflyd o – 'does 'na neb yn taflu dim yn y Prinder Mawr – mi grafodd wynab y tôst ac i'r fei, heipresto, mi ddaeth gwynab y Gwaredwr. Mi nath arwydd y Groes yn y fan a'r lle er mai

Annibyn ysbeidiol oedd 'i mam a'i thad yn peid-yp eithiyst. A byth ers hynny mae o ar y dresal yn fancw yn 'i gwarchod hi. Withia mi fyddai'n sylwi mai gwyrdd ydy' lliw 'i llgada fo. Ac ar yr adega rheiny mae'n gwbod yn iawn y gwahaniaeth rhwng llwydni a gwyrth. A bora'r cyw jac-y-do, nad oedd o'n gyw jac-y-do, ond rhywun, mi drodd am solas at y Gwaredwr yn y tôst ar y dresal. Wedyn mi roth yr het am 'i phen. Mae 'na gysur dibendraw mewn hetia a newid hetia. Mae solas i'w gael.

Wali: *(Musus yn gneud siâp ceg y geiriau ac adrodd yn hyglyw ambell air).* 'Da chi'n ddigon o ryfeddod os cai ddeud. Dwi newydd gael post mortem. Rwbath 'di mynd o'i le ar y carotid arteri.

Musus: O! dyna glws. Carotid arteri! O le ma' pobol yn ca'l y geiria' ma' 'dwch? Clws fel y gair 'apothecari'. A hitha wedi bustachu drwy'r demonstreshyn oedd unrhyw funud yn mynd i droi'n hyll, be' oedd ar 'i phen hi ond bod raid hel negas, a'r plismyn hyd yr ochra' mewn ffwl armyr, mi fedrodd gyrraedd y cemust. Ac o'dd hi wedi sgwennu'r dair A ar gefn 'i llaw hi fel nemonic. 'Di cho' hi ddim fel bydda fo felly mae angan nemonics. Gan sbïo ar 'i llaw a gan symud o A i A, medda hi wrth y cemust: Anadin, Anasol ac Antasud. Plîs. Os gwelwch yn dda. Rhag ofn mai un o'r bilingwals oedd o. Gwrandwch, medda fo, a mi ddudodd 'i henw hi, er sut y gwydda fo 'i henw hi ŵyr hi ddim hyd y dydd heddiw, er 'n bod ni'n byw mewn cyfnod lle mae gwybodaeth yn drech na'r ffeithiau, majic mwn, majic. Er 'i bod hi wedi bod yn y siop sawl tro o'r blaen, ac mai hynny oedd yr esboniad ar sut gwydda fo'i henw hi. Ac os am esboniad ewch am y symla' fydda'i thad yn 'i ddeud o hyd. Ar adega fel hyn, medda fo, nid cemust 'da chi isio, a mi ddudodd i' henw hi eto, ond apothecari. A mi a'th 'na rwbath fel letrig drwyddi i gyd wrth iddo fo ddeud y gair 'apothecari'. Letrig braf, y math yna o letrig, nid letrig shoc, fel rhyw nofio hamddenol hyd 'i sentral nyrfys sustem hi. "Dowch hefo fi", medda fo. Fel arfar fyddai ddim yn mynd i rwmsys cefn hefo dynion diarth, a dim 'di gneud hynny ers y tro dwutha hwnnw, ond mi aeth tro 'ma, y gair 'apothecari' fel rhyw adwy o'i blaen hi. "Dowch i mewn", medda'r apothecari, oedd gynna'n ddim byd mwy na cemust, "dowch i mewn". "Dyma chi, ylwch," medda fo, "yr alembic", gan ddangos iddi gostrel oedd yn gwafar o wydr. "O!" medda hi, a'r gair yn biga' mân hyd-ddi i gyd. "Alembic," medda fo drachefn, yn gwbod yn iawn y bydda sŵn y gair yn 'i throi hi tu chwith allan. "A hwn ylwch," medda fo, am y peth 'ma mewn jar, "yr homunculus". Ar ynganiad y gair rhyfadd yna mi glywodd rhyw fwythiadau'n iro'i thu mewn hi. A medda hi wrthi 'i hun: "Wele, y mae gwraig o berchen ysbryd dewiniaeth yn Endor". Tydi hel negas rwan ddim fel bydda fo sdalwm, a hitha ar y stryd yn ôl y tu allan i'r siop gemust, yr Anadain, yr Anasol a'r Antasud mewn bag papur yn 'i llaw hi, mi oedd ganddi hen ddewis digon annifyr o'i blaen. Tasai'n penderfynu troi i'r chwith mi oedd y polîs yn fan'no'n lluchio cyrff i gefn lori, roedd petha' wedi mynd yn go-giami yn y demonstreshyn mae'n amlwg, a hogan yn gweiddi nerth ei phen arnyn nhw. Ond 'tasa hi'n troi i'r dde mi welodd fod yna gryn ddwsin o bobol yr haint yn dwad i'w chyfeiriad hi, a be' petai un neu ddau ohonyn' nhw'n pwyri arni fel mae nhw'n dueddol i neud. Felly mi benderfynodd ddy lesyr o tŵ ifyls, fel ma' nhw'n 'i ddeud, fynd tu cefn i'r hogan oedd yn sgrechian mor slei ag y medrai. A dyna nath i. A mi ddaeth iddi y medrai ynganu almebic a homunculus am yn ail yn ddistaw bach fel y byddai'r geiriau'n obenyddion ynddi. Geiriau i'w thawelu hi oedda nhw. A felly yr aeth hi heibio, er iddi rywle, ma' raid, glwad carn gwn yn hollti penglog yr hogan husterical. Alembic. Homunculus. Alembic. Homunculus. Alembic. Homunculus. Alembic. Homunculus. Alembic. Homunculus. Alembic. Homunculus.

Wali: *(**Musus** yn gneud siâp ceg; ynganu ambell air ac ati).* Sgiws mi. Glywsoch chi rwbath am y <u>ddynas honno laddodd 'i gŵr</u> a'i roid o damad wrth <u>damad</u> yn y cafiti wôl, a mi rath 'i bil letrig hi lawr fel'na oherwydd yr ecstra insiwleishyn? Ac a adewaenid i'r polîs ac i bawb arall ar ôl hynny fel Poli Ffula? Chi ydi'r Poli honno? Ond dudwch sut oedd hi allan 'na?

Musus: Gwag. Bob man yn wag. Strydoedd yn weigion. Siopa'n weigion. Pobol weigion. Y cŵn yn weigion. Y cathod yn weigion. Y cosmos yn wag.

Wali: Fasa chi'n meindio llenwi <u>cwpan wag</u> hefo'i llond hi o de?

Musus: Ar f'union a gyda phleser. Ond chewch chi ddim dwad allan.

***Musus** yn mynd i roi'r teciall ymlaen. Yr unig dro y mae hi'n codi o'i chadair. Sŵn y teciall yn berwi a hithau'n adrodd yr Ein Tad i'w gyfeiliant o. Clic diwedd y berwi a'r 'Amen' yn cyd-ddigwydd. Dychwelyd i'w chadar. 'Does 'na'm 'te' wrth reswm. Ond yn meddwl **Musus**. A oes unrhyw beth ond ym meddwl **Musus**? Mae hi'n 'yfed' yn delicet iawn o'r 'gwpan' a'r 'soser' tjeina yn ei llaw. Yn y man, dim brys:*

Musus: Mi ddois yn f'ôl heibio'r Moniwment. *(Newid het)*

Wali: Panad dda. Heibio'r Moniwment ddudsoch chi. 'Swn i'n ca'l llwyad arall o siwgwr.

Musus: Ia, heibio'r Moniwment. Cewch. 'Da chi'n cofio'r Moniwment? Un melys fuo chi erioed. O'r Moniwment mi welach y môr, a'r tonna heddiw o bellter yn fychan wynion fel dannadd newydd babis bach.

Wali: Y Moniwment! Mi oedd melyster drwy'n bywyda ni. Cofio! Yndw! Gymrai lwyad arall os ca i. Y Moniwment. A phan oedd cariadon yn cyrraedd y Moniwment yn yr hen amsar 'doedd na'm troi'n ôl wedyn. Oedd yr enwa'n dal yna? Wedi eu torri i garrag y Moniwment. Yr holl enwau ifanc. Y llythrennau di-ofn. Llythrennau'n llawn yfory. Y calonnau a'r trŵ lyfs.

Musus: Mi oedda nhw'n dal i hel y babis bach o'r môr. Dros gant ddudodd rhywun.

Wali: Y Lapsang peth 'na 'di'r te 'ma'n te?

Musus: Y Lapsang peth 'na di'r te 'ma'n te.

Wali: Y Lapsang.

Musus: Fory eto mi fydd yn mynd allan i hel negas. Ddudodd hi iddi ga'l lifft gin yr hers bora 'ma? "Sbario'r hen goesa", medda'r hogyn ifanc oedd yn dreifio. Maen nhw'n mynd yn fengach. Ond mi fuo raid iddi wisgo masg 'run fath. Nath hi'm gofyn be' ydi'r hogla 'na? "Y babis sori", medda fo'n fyngus o du ôl i'w fasg fel petai o wedi clwad 'i chwestiwn hi. Dwrnod gringrosyris 'fory. A'r sdrach i gyrradd y gringrosyri. Safoi cabeij! O! toes 'na ambell ddeud clws. Safoi cabeij! "Be' gai i fynd hefo'r safoi cabeij?" fyddai'n 'i ofyn, fel y gofynnodd hi 'rwsos dwutha. Mae'r cwestiynau'n aros yr un fath y dyddia' yma. "Un arall", fydd y dyn yn 'i ddeud fel dudodd o 'rwsos dwutha. Mae'r atebion yn aros yr un fath hefyd. I'w berwi, i'w piclo, i'w ffrïo, i'w rhostio.

Wali: Ac yfad y dŵr.

Wali a Musus: Ac yfad y dŵr.

Wali: Dim byd fel dŵr cabajan ar gyfar pob anhwylder.

Musus: "A sut byddwch chi'n talu am yr orenjis?" Fydd y dyn yn 'i ofyn fory. "Pa orenjis?", fydd hi'n 'i holi. "Y rhei sy' gin i wedi'u cuddiad yn cefn ar 'ch cyfar chi", ddudith o. Ac efo blaen ei fys yn 'i gwthio hi i'r cefn. Ond tydi hi ddim yn mynd i dalu fory fel y talodd hi 'rwsos dwutha am y ddau afal. A phan fydd o o'i blaen hi'n noethlymun, fel roedd o 'rwsos dwutha mi agora i o tro 'ma o'i fwtwm bol i'w ên hefo'r gyllath comando. Mi oedd 'na gynrhon yn y fala a 'doedd hynny ddim yn fargan. "Gweddiwch drosom ni: canys yr ydym yn credu fod gennym gydwybod dda, gan ewyllysio byw yn onest ym mhob peth", fyddai'n 'i ddeud wrth adal pob siop. Ac yn ôl ata ti – Wali MacCafyti – heibio'r soldiwrs sydd, 'radag hwn o'r dydd, yn llnau 'u bidogau; heibio'r ciw o genod tu allan i'r erthylfa; heibio'r lladd-dŷ lle ma'r lori'n danfon y cŵn coll ac anwes; heibio'r polîs yn taflyd rhaffa' am y lamposds yn barod am y crogi wedi i'r llysoedd wneud eu gwaith; heibio'r ciw am lefrith, hannar peint y dydd yn unig, tu allan i'r llaethdy. "Wrth aros godro", medda hi wrthi hun, a hannar gwên 'run pryd, ond fiw i neb wenu, maen nhw'n gorfod esbonio i'r militia pam 'u bod nhw'n gwenu; heibio'r plant sy'n llafarganu Musus! Musus! Musus! ar 'i hôl hi; heibio'r merchaid sy'n golchi a 'molchi yn y mannau hynny o'r afon lle mae dŵr o hyd yn cronni; heibio'r cynllwynwyr yn y cilfachau; heibio'r pechaduriaid yn dalog, yn falog agored; heibio'r seintiau a'r gwyryfon nad oes 'run ohonyn nhw'r ffasiwn beth; heibio'r merthyron a'r ffatri grusbs y mae Musus yn mynd. Mae Musus yn mynd. Mae Musus yn mynd. Heibio'r diniweidiaid a'r lle gneud papur tŷ bach. Heibio'r Moniwment ac yn ôl i fama at 'i hannwyl ddiweddar Wali MacCafyti.

(Newid het)

Wali: 'Di hi'n amsar ca'l dwad allan? Gai ganiatâd?

Musus: Yndy a cewch! Felly allan â chi.

Wali: Yn nhraed 'n sanna?

Musus: Ia! Wêl neb. *(**Wali a Musus** i ganfod ffordd i gyrraedd ei gilydd)* Dowch ni weld y lleuad yn codi hefo'n gilydd fel roedda ni sdalwm. Dowch Wali MacCafyti. Dowch rwan.

Wali: Ar un amod! Dim ond os dudwch chi'ch hoff lein allan o Shakespeare.

Musus: *(Yn gwirioni)* 'O! Believe me, love, it was the nightingale'. Ddowch chi rwan?

Wali: O! Dof. Dof.

*(**Wali a Musus** wrth ochrau ei gilydd)*

Musus: Mae'r lleuad yn llawn heno. Welwch chi'r lleuad yn ei lawnder, Wali MacCafyti?

Wali: Gwelaf. Gneud mi feddwl am fonacl. A hen rigwm mam:

> *Mae Mr. Chamberlin yn ddyn ciall*
> *Sbectol ar un llygad a dim ar y llall.*

Musus: Rhowch gora i'ch cymariaetha' wir. Amsar siarad plaen ydy hwn. A geiriau moel. Geiriau piwis. Geiriau brwnt. Geiriau hefo llafnau Cymraeg, nid i foli ond i falu.

Wali: Sori.

Musus: Peidiwch a deud Sori!
Peidiwch ag ymddiheuro!
Am ddim byd!

Be' welwch chi yn yr uchelfannau?

Wali: Y lluad newydd.

Musus: O! dyo byth yn newydd. Mae o drwy'r adag yn hen oherwydd yr amsar y mae'r golau'n 'i gymryd i'n cyrraedd ni.

Wali: Neu'n fengach felly? Ac mai ni sy'n sbïo arno fo sydd wedi heneiddio.

Musus: A tasa ni'n mynd i le arall yn yr entrychion allan yn fan'cw, sy'n gan mlynedd o flynyddoedd goleuni i ffwr', ac edrach yn ôl tuag at yma, fydda chi na fi'n bod. Dim eto. I ddwad bydda ni'n dau.

Wali: O! dyna fendigedig. I ddwad bydda ni'n dau.

Musus: Ond fasa raid ni ga'l telesgop.

Wali: A tasa ni'n mynd o fanno i rwla arall sy'n nes ato ni mi fedrwn i 'ch gweld chi'n ca'l 'ch geni. Meddyliwch!

Musus: A finna'n gweld 'ch genedigaeth chitha'. A medru deud: hefo hwn, ryw ddiwrnod, y byddai'n syrthio mewn cariad. A wyneba hapus 'ch rhieni. Dwi'n cymryd iddyn nhw fod yn hapus pan welson nhw chi gynta 'rioed?

Wali: Dwi ddim yn ama nag oedda nhw. 'Nenwedig mam. Digon noncomutal fuo nhad 'rioed. Dowch ni ga'l gweld. Munud 'ma. Be' am i ni fynd am drip i'r nefolion leoedd?

Musus: Posibilrwydd yn unig ydy hyn.

Wali: Ond mae o'n ffaith hefyd. Mae o'n wyddoniaeth. Meddyliwch, mi fedra ni fynd o le i le yn yr uchelfannau hefo'r telesgop a dim ond byw y petha oedd wrth fodd 'n clonna' ni. Dewis a dethol. A pheidio mynd ar gyfyl y gweddill annymunol; y petha roddodd boen a thrallod i ni. A fydda ni byth yn marw. Dim ond i ni osod 'n hunan yn y lle iawn hefo'r telesgop a gadael i daith y goleuni neud y resd. Ac amsar wedyn, nid yn fwrn, ond yn rhwbath hyblyg iawn. Yn fancw'n rwla dwi'n ugain oed ac yn dy gusanu di am y tro cynta' 'rioed. A gneud hynny am byth oherwydd taith y goleuni. O!

Musus: A mae hynny'n gysur i ti?

Wali: Dy gusanu di? Dy gusanu di! Hynny oedd deffroad fy mywyd i. Gwawr, gwirioni a gwirionedd yn yr un lle.

Musus: Naci! Y cysur o'n i'n 'i feddwl. Ydy gwbod hyn am y ffurfafen a'r posibilrwydd sydd yno yn gysur i ti?

Wali: Wel ydy siŵr! Ydyo ddim i chdi?

Musus: 'Swn i ddim yn mynd mor bell â hynny. Ond fe eill o roi ryw gyd-destun gwahanol i bob dim, mwn.

Wali: Dim byd mwy na chyd-destun?

Musus: A medru o bryd i bryd 'n cadw ni yn y lle hwnnw nad ydyo'n drallod llwyr ond nad ydyo'n obaith afradlon 'chwaith. Yr unig le dilys i bobol mae'n siŵr. Ond shisst! Sbïa ar y lloer. A'i oleuni pell, hardd, di-hid o. A chogio bach 'n bod ni'n rhydd am ryw funud neu ddau.

(Ar yr un adeg ag y dywed ***Musus*** *hyn, llaw y naill yn codi i dderbyn llaw y llall. Distawrwydd ennyd)*

Wali: Gwranda!

Musus: Be' glywi di?

Wali: Yr eos yn canu o'r goeden bomgranadwydd.

(Y ddau'n gwrando. Ond ar ddim byd)

Musus: Naci wir. Yr ehedydd glywi di.

Wali: Dybad?

Musus: Yr ehedydd. Y mae hi'n ddydd.

Wali: Yn barod? *(Gollwng dwylo)* Lle 'rawn ni felly?

Musus: Fama.

Wali: Mynd i'r wal. Fi. Yn ôl.

Musus: Finna i'r gringrosyr i nôl y gringrosyris.

Wali: Safoi cabeij?

Musus: Safoi cabeij.

Wali: Unrhyw obaith, os nad ydyo'n obaith rhy afradlon, am oreinj neu ddwy.

Musus: Os bydd y pris yn rhesymol.

(Mae hi'n dyddio drwy dywyllu'n llwyr. O'r tywyllwch:)

Wali: 'Da chi'n ddigon o ryfeddod os cai ddeud.

O. MYFANWY

gan
Aled Jones Williams

Lleoliad a Dull

O. Myfanwy *mewn cadair bren fawr, cadair eisteddfodol o fath. Cadwynau am ei breichiau, ond y mae hi'n medru symud ei breichiau rywfaint i fyny a lawr, o ochr i ochr. Mae'r cadwynau wedi eu haddurno: blodau, plu, tinsel, dystyrs lliwgar ac ati. Mae cyffion – llac eto – am ei thraed.*

O. Myfanwy *yn ddigon sbriwsiog er gwaethaf ei sefyllfa. Ni ŵyr neb sut na pham y daeth* ***O. Myfanwy*** *i'r lle hwn.*

Mae llais ***Llais*** *yn dawel, yn fwyn iawn, melfedaidd bron. Llais darllen y newyddion ar y radio. Er gwaethaf yr hyn a ddywed y* ***Llais*** *ambell dro nid yw fyth yn cythruddo, na chodi ei lais; mae'n aros yn undonog, ddi-emosiwn fwyn. Llais yn unig ydyw, wedi ei recordio rhagblaen, mae'n debyg.*

Hyn yn codi cwestiwn: pwy, felly, o safbwynt ***O. Myfanwy,*** *sy'n gwasgu a diffodd botwm y recordydd? Pwy yma sy'n rhedeg pethau?*

Cysgod ffenestr fechan yn y to i'w weld ar y llawr. Cysgod y ffenestr yn symud yn araf i ddangos amser yn mynd heibio.

Fel arall tywyllwch sydd yma.

Sŵn buzzer.

O. Myfanwy *yn dyfod yn fwy effro. Nid am ei bod hi wedi pendwmpian neu gysgu. Rhyw synfyfyrio, mae'n debyg. Pan glyw y buzzer drachefn mae'n bywiogi fel petai hi'n barod i gyfarfod â rhywun y mae hi'n ei licio. Mae* ***O. Myfanwy*** *weithiau'n creu ystumiau â'i hwyneb ac, orau gall hi, â'i dwylo sy'n croesddweud ei hatebion. Mae hi'n ddisgwylgar.*

Yn y man:

Llais: Enw.

O. Myfanwy: O. Myfanwy.

Llais: O hefo ebychnod?

O. Myfanwy: Naci wir. O hefo atalnod llawn.

Llais: A be' felly ydy ystyr yr O atalnod llawn? Olwen? Olbas? Orgraff? Orgasm? Olreit? O-bach? Olofyr?

O. Myfanwy: 'Does na'm ystyr iddi hi. Mwy na sydd i'r S. yn Harry S. Truman. Neu'r H. yn Jesys H. Christ. *(Ynganu H. fel 'eitj' nid 'aits'. **O. Myfanwy** fel petai hi'n difaru deud hyn).*

Llais: Cyfeiriad?

O. Myfanwy: Ymlaen! O! Ymlaen. Yn bendant am ymlaen.

Llais: A mi 'ryda chi'n gwbod pam 'ch bod chi yma?

O. Myfanwy: Ew annw'l yndw.

Llais: A mi 'ryda chi'n gwbod hefo pwy 'ryda chi'n siarad?

O. Myfanwy: *(Moment o bendroni cyn –)* Dwi'n trïo rhoid gwynab i'r llais. Mi ddaw. Dwi'n hyderus iawn y daw o. 'Mlaen â chi. Cwestiyna da iawn os cai ddeud.

Llais: A sut mae'r tywydd yn fan'na?

O. Myfanwy: *(Yn edrych o'i chwmpas)* Y tywydd?

Llais: Eira'n fama cofiwch.

O. Myfanwy: Tewch.

Llais: A ma' ngŵr i 'di ngadael i i fynd hefo dyn arall.

O. Myfanwy: Tewch.

Llais: A ma' nhw'n meddwl fod cansar arna i.

O. Myfanwy: Tewch. Yr hen genna'.

Llais: Pwy?

O. Myfanwy: Y cwbwl lot ohonyn nhw. Yr eira. Y dyn 'rath a'ch gŵr chi. A'r cansar.

Llais: Mae'n deud yn fama nad yda chi wedi cwblhau tacs rityrn ers degawd.

O. Myfanwy: Tacs rityrn?

Llais: Cyril. Y dyn aeth y ngŵr i i ffwr' hefo fo.

O. Myfanwy: Ew! Mae o yn yr enw tydy. Surul! Surul! 'Da chi'n teimlo rhyw dandinrwydd yn llechu ymhlith y llythrenna' chwilia byth. Surul!

Llais: 'Chi be', ma' siarad hefo chi'n gneud i mi deimlo'n lot gwell. 'Na i ddim gadael iddyn nhw iwsho'r efail bedoli 'na arna chi eto.

O. Myfanwy: Wel! 'Da chi wedi gneud 'y nwrnod i. Dwi'm 'di clwad yr enw efail bedoli ers blynyddoedd. Wel 'tawn i marw.

Llais: Mi fuo bron i chi neud echdoe.

O. Myfanwy: Do dwch?

Llais: Mi aeth y ddau'n rhy bell hefo'r efail bedoli. Ar sgêl y poenydio maen nhw'n cael mynd hyd at rif 7 os bydd y docdor wedi caniatáu hynny. Ond mi 'roedda nhw ar drothwy rhif 9 hefo'r efail bedoli a mi fuo bron i chi… Maen nhw wedi cael y sac.

O. Myfanwy: Gobeithio nad oedd ganddyn nhw deuluoedd oedd yn ddibynnol ar eu cyfloga' nhw. 'Swn i ddim isio cael neb i drwbwl. Dau ohonyn nhw ddudsoch chi?

Llais: Felly lle mae'ch pres chi?

O. Myfanwy: Y cwbwl sgin i ydy'r rhwbio lle dylai dwy geiniog fod.

Llais: Cyfri' banc?

O. Myfanwy: Dyna chi'n union be' fyddai'n 'i neud wrth gerddad ar hyd y stryd fawr: cyfri'r bancia' sydd wedi cau a wedyn mynd i mewn i'r tjariti siops i weld be ga' i.

Llais: Blerwch ydy tlodi. Pobol wedi bod yn flêr hefo'u cyfleoedd a'u galluoedd a wedyn beio amgylchiadau yn hytrach na nhw eu hunain.

O. Myfanwy: 'Chi be'? Dwi ddim yn ama' nad yda chi'n iawn. Y tacla iddyn' nhw. Dwad a'r peth arnyn' i hunan. Dwi'n hynod o ddiolchgar i chi.

Llais: Yda chi'n chwerthin yn fanna?

O. Myfanwy: Welsoch chi'm dynas ddifrifolach yn 'ch dydd. Dwi 'di fy magu i barchu awdurdod. Mi fydda mam yn bowio i'r polîs a'r posman.

Llais: Ar y ffurflen yn y fan yma gyferbyn â Daliadau Crefyddol mae'r un holodd chi wedi rhoi llinell, sy'n mwy nag awgrymu nad yda chi'n credu dim. Yda chi'n credu? Duw?

Sŵn cloch fechan – ting-a-ling-a-ling – rywle o'r tywyllwch yn yr ystafell. Bydd hyn yn digwydd o dro i dro. Y gloch yn agor ***O. Myfanwy*** *i le arall ynddi ei hun. Yr awyrgylch yn dwysáu. Goleuni pŵl ar wyneb* ***O. Myfanwy****'n unig. Tôn llais* ***O. Myfanwy****'n newid, yna:*

O. Myfanwy: Dros gyfnod o flwyddyn mi ddaeth hi'n amlwg fod poblogaethau'r trefi nid yn mynd yn iau fel y cyfryw, ond nad oeddynt yn heneiddio o gwbl. Nid oedd neb i weld yn hŷn na'r trigain oed. Ac os un diwrnod y gwelech unrhyw un a oedd yn tynnu tuag at Oed yr Addewid fel y dywedid yn yr hen iaith, go brin y gwelwch ef neu hi y diwrnod wedyn. Pe holech unrhyw un am eu hoed, neu rywun yn eich holi chi, am ba reswm bynnag, fe welech fod eu hanadl yn cael ei dynnu am i mewn a'u bod yn camu un, dau gam am yn ôl oddi wrthych. Nid oedd dim yn cael ei ddweud. Ond yr oedd rhyw ddealltwriaeth yn ein plith. Heb orfod dweud gair yr oedd pawb yn deall rhywbeth. Yn gynnar iawn daethpwyd i sylweddoli fod y cartrefi preswyl a'r cartrefi nyrsio yn cau fesul un, ambell un dros nos. Nid oedd neb yn 'honni bod yn hŷn na phum deg wyth. Ychydig iawn, iawn a fedrai erbyn hynny ddangos eu tystysgrifau geni. Ond yr oedd pawb yn gytûn na ellid cario ymlaen fel cynt, ymhle yr oedd gormod ohonom ac nad oedd digon o adnoddau i fedru ein cynnal i gyd. Roedd yn rhaid i rywbeth roi. Yr oeddem wedi bwrw ein pleidleisiau mewn etholiad ar ôl etholiad. Yn enwedig etholiadau'r dyddiau dyrys. Yr oedd yn ofynnol i'r llywodraethau ddehongli'r pleidleisiau rheiny yn y dull mwyaf cyfaddas, gorau, ac ar ddiwedd y dydd y dull distawaf. Dyna yw democratiaeth.

Y buzzer yn mynd eto. Yr awyrgylch yn llacio. ***O. Myfanwy*** *fel roedd hi gynnau.*

Llais: Duw?

O. Myfanwy: Hen ddyn drwg ydy o.

Llais: A'r dystiolaeth am hynny?

O. Myfanwy: Wel, sbïwch o'ch cwmpas. *(Mae'n rhyw ddifaru dweud hyn)*.

Llais: Dim otj ganddo ni be' yda chi'n 'i gredu ond 'ch bod chi'n uniongred.

O. Myfanwy: Mi fyddai! O! Mi fyddai. Dwi'n addo i chi. 'Da chi isio imi seinio rwbath?

Llais: Be' ydy'ch barn chi am Immanuel Kant?

O. Myfanwy: *(Wedi ei syfrdanu. Yn pendroni. Yn gorfoleddu wrth gael hyd i ateb go dda)*. Jenghiz Khan but Immanuel Kant... Dyna ddiwadd ar y math yna o gwestiynu gobeithio. *(Difaru dweud hyn i gyd)*.

Llais: A dyna ddiwadd ar y math yna o atebion gobeithio... Dudwch rwbath wrtha i a fyddai wrth fodd fy nghalon i.

O. Myfanwy: *(Yn trïo codi i weld ond yn methu. Yn llawn o hiraeth-dristwch)*. Edrach drwy'r ffenasd i gyfeiriad y môr. Gweld llafnau'r haul yn huddo'r bryniau fel y gorchudd les ar wyneb gwraig weddw. Yr oedd natur ei hun yn galaru. A'r môr yn elor i'r dydd.

Sŵn igian grïo distaw y ***Llais****. Didwyll?*

Llais: Eto. Eto. Dudwch rwbath ffeind wrtha i.

O. Myfanwy: *(Yn pendroni)*. Ar ôl 'mi gael llid ar yr aren, er mwyn i mi fedru cryfhau a finna'n dechra' gwella, mi aeth o a fi am dro reit rownd, "cyn ti fynd nôl i'r ysgol," medda fo. A mi deimlis fod y lonydd bychan, trofaus yn rhei ffeind. Lonydd bychan y wlad, y gwrychoedd yn dew o dyfiant a lliw o boptu; lonydd ffeind oedda nhw yn cario pobol i lefydd o wellhad.

Llais: Pwy aeth â chi am dro? Pwy oedd o? Dafydd? Dafydd ydy enw'ch tad yn te?

O. Myfanwy: 'Da chi 'di gneud mustec yn fan'na. Wn i ddim am 'run Dafydd. Ond Dafydd a Goliath. Dafydd goronog gantor. Dafydd ap Gwilym. A Dafydd y Garreg Wen. A ryw ffor wat unwaith hefo Dafydd Garej. Sylwoch chi fod yna eG ar ôl bob un Dafydd? Sganddo chi ymdeimlad o iaith? *(Difaru dweud hyn)*.

Llais: Lle mae'ch tad?

O. Myfanwy: Fuodd o farw pan o'n i'n naw oed.

Llais: Mae yna wreiddioldeb yno chi. Lle mae'ch tad?

O. Myfanwy: Fuodd o farw pan o'n i'n ddeuddag oed.

Llais: Fel dwi'n deud gwreiddioldeb. Be' yda chi wedi ei wneud hefo'ch tad?

O. Myfanwy: Fuodd o farw pan o'n i'n ddeunaw oed. Oherwydd pan mae pobol sy'n agos atoch chi'n marw, nid un waith y maen nhw'n marw ond drosodd a throsodd yn 'ch meddylia' chi. A marw'n wahanol fel y mae'r blynyddoedd yn mynd heibio. 'Da chi byth yn claddu neb.

Llais: Pwy sy'n cuddiad 'ch tad? Ac yn lle?

Y gloch fechan yn canu eto…etc…fel o'r blaen.

O. Myfanwy: Dileit mawr yr hafau oedd aros ar y promenâd er mwyn cael cip ar y plant yn dyfod o'r bysiau. A rhyfeddu pa mor iach yr olwg oeddynt. Yn drwsiadus ond hefyd yn ddi-fefl. Byddai'n anodd iawn cael hyd i unrhyw frycheuyn arnynt. Dywedodd rhywun un bore wrth eu gweld yn catrodi ar y tywod yn y rhan hwnnw o'r lan môr oedd wedi ei neilltuo ar eu cyfer: "Ma'r plant 'cw mor annaturiol â blŵms ffyrst prais mewn sioe floda' sdalwm. Lle ma'r chwyn a'r brycha'?" Fe'i dywedodd yn rhy uchel fel y daeth un o'r gwarchodwyr ato a'i arwain i gornel er mwyn cael gair ag o. Nid oedd neb am ei amddiffyn. Yr oeddem i gyd wedi cytuno adeg yr etholiad. Yr oedd yn fraint i deulu weld un o'u plant wedi prifio ac yn eu plith. Yn gwybod wrth weld eu bod yn edrych ar arweinyddiaeth y dyfodol. Yr oedd yr angenrheidiau rhyngwladol wedi newid. Yr oedd llai o blant. Ni chaent hwy mwy na ninnau yr hafau rheiny fod allan am fwy na dwyawr y dydd. Yn y boreau'n unig. Cyn i'r haul gyrraedd ei anterth. Yr oedd yn rheol nad oedd neb i gael edrych ar y machlud.

Y buzzer yn canu. Etc.

Llais: Maddeuwch i mi, ond mae Mr. Socrates Huws angen gair hefo mi. *(Ynganu fel Só-Krates).*

O. Myfanwy: Pwy?

Llais: Mr. Socrates Huws. Wyddoch amdano, mae'n debyg.

O. Myfanwy: Tjampion a gwn yn iawn.

(Clywir y ***Llais*** *yn pi-pi. Ŵyr* ***O. Myfanwy*** *ddim lle i'w rhoi ei hun. Gwneud migmas. Trïo rhoi ei dwylo ar ei chlustiau. Methu. Piffian chwerthin. Ceisio ymatal.* ***Llais*** *yn pesychu i arwyddocau ei fod o'n ôl).*

O. Myfanwy: Dwi'n siŵr fod Mr. Socrates Huws yn llond llaw. *(Difaru).* Gobeithio'ch bod chi 'di golchi'ch dulo. *(Difaru).*

Llais: Mynawyd.

O. Myfanwy: O! Wel dyna chi wedi gneud 'y nwrnod i eto. Pwy erbyn rŵan sy'n gwbod be' ydy mynawyd? Mae gynno chi Gymraeg gwerth chweil.

Llais: Ond mi lewygoch. Mi ddaru nhw ddefnyddio'r mynawyd ar 'ch penglog chi. 'Doedda nhw ddim i fod i neud hynny. Ddim ar y cychwyn. Ar y penaglinia gynta. O dan bob padell.

O. Myfanwy: Mae hynny'n dueddiad yno i. Llewygu. Es pan o'n i'n hogan bach, yn ddim o beth. Mynawyd! O!… Lle gutho chi'ch addysg?

Llais: Mi fuo fi mewn dwy ysgol Gymraeg a Phrifysgol. Ond gin fy nain ges i fy addysg. Hi ddysgodd i mi eiriau fel 'mynawyd'. A geiriau eraill fel 'dadberfeddu', 'ransacio', 'rapscaliwns', 'caridyms', 'ysictod', 'ysbaddu'. Sut mae'r tywydd yn fanna erbyn rwan?

O. Myfanwy: 'Di dylu cofiwch. A hitha'n haul bendigedig gynna'. Ac yn fanna?

Llais: Glaw y dilyw. Gwrandwch. (***O. Myfanwy*** *yn gwrando. Distawrwydd llethol.)* 'Di hi ddim yn saff yn fama. Mae 'na sôn fod yna lond bys o blant ysgol wedi… Ond dwi ddim yn chwilio am gydymdeimlad. Y gwan sy'n trugarhau. 'Da chi'n dal yn ddim o beth. Wyddoch chi be' sgin i amdana rwan?

(Y gloch yn canu. Etc)

O. Myfanwy: Yr oedd pob dim yn edrych yn naturiol fel ag y dylai fod yn y neuaddau ymgynnull y deuem iddynt drwy'r twnelau ar wahoddiad o bryd i bryd. Fyddech chi fyth yn medru dweud y gwahaniaeth. Pysgod yn blasu fel pysgod. Cyw iâr fel 'roedda chi'n ei gofio fo. Y llysiau yn dynwared blas y rhai go-iawn i'r fath raddau fel nad oedd angen defnyddio'r gair 'go-iawn'. Di- ystyr bellach oedd 'tebyg' ac 'annhebyg'. Nid oedd neb yn medru dweud fod yr haul ar y sgrin yn wahanol i'r haul yr oedda nhw yn ei gofio. A'r awelon yr un mor ddilys. Er na ddywedai neb hyn ar goedd yr oedd arwahanrwydd cymryd arnom a gwybod yn wahanol yn pylu fel yr ai'r blynyddoedd heibio. Yr oedd y gwir a'r rhith yn cyd-asio fel bod y peth-ei-hun a'i gysgod bellach yn un. Mor syfrdanol yw'r ymennydd yn ei alluoedd. I'r rhai nad oes ganddynt gof yr hyn a welir yr awr hon yw'r gwir. Yr unig wir. A'r unig fyd. Hen storis gwirion yw unrhyw beth arall. Mor gyflym y mae pobl yn dygymod â phopeth. Uwch fy mhen mae'r lleuad llawn yn ogoneddus. A'i lewyrch arian yn gryndod ar y tonnau sy'n torri'n dawel ar y traeth yn fama. Gwn fod cariadon o hyd yn y cysgodion ar noson mor falmaidd. Fel ag erioed. Popeth fel ag erioed.

Y gloch yn canu. Etc.

Llais: Wyddoch chi be' sgin i amdanai rwan?

O. Myfanwy: Ydy hwnna'r math o gwestiwn os cai'r atab yn rong y bydd hi'n ddrwg arna i? Ac y byddwch chi'n gyrru'r hen ddau ddyn 'na'n ôl?

Llais: Nacdi. Bod yn gyfeillgar ydw i.

O. Myfanwy: Wel, rhowch rhyw gyd-destun i mi 'ta, fel bod atab call yn weddol bosib.

Llais: Gwisg ffansi.

O. Myfanwy: Ffansi dres! Llawar rhy ben agorad hwnna. Oes 'na gyfnod arbennig? Fel y Swinging Thyrtis, neu'r Roring Ffortis. Neu thema fel Beirdd ar y BBC? Pidiwch â deud 'ch bod chi'n noethlymun. A ma' tric cwestiyn oedd o. Plis nid yr efail bedoli. Plis nid y mynawyd.

Llais: Ond maen nhw'n eiriau Cymraeg. Maen nhw'n eiriau Cymraeg.

Distawrwydd.

'Da chi'n ddigon cyfforddus yn fanna?

O. Myfanwy: Yndw'n tad! Digon o ryfeddod. A mi fydd y ddynas llnau yn dŵad ac yn rhoid bloda' ffresh yn nolennau'r cadwynau, gosod tusw hwnt ac yma hyd-ddyn nhw. 'Da chi fel Bo-Pîp fydd hi'n 'i ddeud wrtha i. A ddoe ddwutha bluen ceiliog ffesant.

Distawrwydd.

Llais: Onid dyna be' mae rhywun yn ei wneud: addurno cadwynau?

Distawrwydd.

Nyrs sy'n rhoid yr injecshyn i lacio' tafod chi'n de?

O. Myfanwy: O! ia. Nyrs yn well am roid injecshyn na docdor. 'Da chi ddim yn teimlo'r pigiad o gwbwl.

Distawrwydd.

Llais: Disgrifiwch 'ch ystafell i mi.

***O. Myfanwy** yn hel ei meddyliau. Edrych o'i chwmpas wrth ddisgrifio.*

O. Myfanwy: Bychan cofiwch. Ond dau ddrych wedi eu gosod ar y ddau barad gyferbyn â'i gilydd fel y bo drych tu mewn i ddrych tu mewn i ddrych yn troi lle cyfyng yn le tragwyddol. A mae 'na gloc mawr yna. Y math o gloc mawr gewch hyd iddo fo mewn breuddwyd oherwydd 'does 'na'm bysidd ar yr wynab mond rhifa' o un i dri ar ddeg. Y mae'r papur papuro yn llawn mimosa. A stifficets mewn fframia hyd y walia'. L.R.A.M., Ail yn yr Urdd am adrodd. Trydydd am geiliog bantam yn Sioe y Sir. Mewn cas gwydr yn pigo hyd byth mae'r ceiliog bantam.

Cloch yn canu. Etc.

Trwy wahoddiad yr eir i'r peiriant a elwir ar lafar Yr Hamlet. Gwahoddiad nad oes modd ei wrthod. Clywir ei hymian tawel ar y trothwy rhwng ffin olaf pob tref a rhiniog y diffeithwch. Ond fel gyda phob hymian parhaol, di-baid ddydd a nos, un o dricia'r ymennydd yw medru ei hidlo drwy hidlydd y niwronau nes ei ddiffodd yn llwyr. Hyd nes y daw y gnoc honno ar y drws, a'r gnoc yn deffro'r hymian drachefn. Ac o ateb y drws, yno mae'r gwahoddiad nad oes wiw i unrhyw un ei droi i lawr. Nid oes neb bellach yn cwyno am ddim byd, nac yn mynegi unrhyw iselder ysbryd na thrymder calon; yn pesychu'n llechwraidd i'w llawes er mwyn ei fygu;

cuddio hyd yn oed gur yn y pen. Dywedir fod clustiau a llygaid i'r Hamlet ym mhobman. Felly roedd pawb yn heini. Eu hwynebau yn wên barhaol. Weithiau liw nos yn y cilfachau mynegir y chwedlau am Yr Hamlet: mai ef yw Palas Breuddwydion ac Agorfa Gwynfyd, Drws Dieithrwch ac Adwy Addewidion. Nid oes neb yn cydnabod gweithio yno. Yn wir, rhan o'r chwedl yw nad oes neb yn gweithio yno a bod i'r Hamlet ei ewyllys ei hun: Ambell dro dywedwyd i rywrai gael eu gweld ar y goror ger y ffens yn crefu am gael mynediad oherwydd nad oedd dim ar ôl mwyach. Rhan o'r chwedl, meddir, yw ei enw: Yr Hamlet. Hen stori o'r oes o'r blaen am rywun o'r enw Hamlet yn sôn am deithiwr nad yw fyth yn dychwelyd i adrodd yr hanes o'r wlad nad oes neb wedi ei darganfod.

Buzzer yn canu. Etc.

A dresal hefo'r iwsiwal arni hi… Ac o 'mlaen i ffenast anferth yn edrych i'r ardd ar y dwrnod tanbaid hwn o ha'.

***O. Myfanwy** yn codi orau gall hi i edrych.*

A choeden ar ei phen ei hun ar ganol cae wedi ei hollti ar un adeg gan fellten, un ochor ohoni'n ddiffrwyth a'r ochor arall bob haf yn deilio orau y gall hi, ond drwy'r adeg yn parhau yn goeden y rhyfeddwn at ei gwytnwch a'i dyfalbarhad. Yn wir, at ei harddwch. Nid harddwch perffeithrwydd, ond harddwch bregusrwydd eofn.

*Mae hi'n gwenu. **O. Myfanwy** yn parhau i weld tra mae'r tywyllwch yn huddo popeth yn araf. Sŵn y buzzer.*

Diwedd.

Y DYN GWYN

"Ac ar ôl y tân, llef ddistaw, fain."
(1 Brenhinoedd Pen 19 Adn 12)

Cymeriadau:
Y Dyn Gwyn.
Y Wal Wen anferthol ei maint.

Y Düwch: peryglus, dwys, dwfn.

Y Set:
Y mae'r Dyn Gwyn yn pwyso yn erbyn Wal Wen i'r fath raddau fel y bo'n anodd gwahaniaethu'r dyn oddi wrth y wal, ei freichiau ar led, ei glust yn dynn yn erbyn y wal fel petai'n gwrando arni, a'r ystum hon o'r herwydd yn gwthio ei het am i lawr i guddio'i wyneb.

Y mae wedi ei wisgo yn gyfan gwbl mewn gwyn: het wen; siwt wen; crys gwyn; tei gwyn; menyg gwynion, sannau gwynion, esgidiau gwynion. Ei wyneb wedi ei wynnu hefyd.

Y Dyn Gwyn sydd yn siarad drwy'r adeg. Mae'n debyg yn yr adrannau tywyll fod tôn ei lais yn wahanol. Tebycach i rywun yn adrodd bwletin newyddion, efallai. Yn llawer mwy ffurfiol.

Dylai cynulleidfa brofi grym y düwch yn ogystal â'r Dyn Gwyn. Y mae'r gynulleidfa yn rhan annatod o'r düwch hwn.

Llonyddwch mawr.

Yn y man – peidied â rhuthro! – ei law chwith yn dechrau llithro'n araf ar hyd y gwynder; mae'n anwesu, teimlo'r gwynder, mae'n rhedeg ei law mewn hanner cylch eang ar hyd y gwynder.

Y Dyn Gwyn: Mi oedd y dresal yn fa'ma.

Troi a wynebu'r tu blaen. Sythu ei het mewn steil. Nid yw fyth yn crwydro'n rhy bell o bresenoldeb Y Wal.

Hen ddresal. Dwnim pam 'y mod i'n deud hynny 'chwaith oherwydd y mae pob dresal go-iawn yn hen.

Dau beth yn 'y marn i oedd yn hanfodol, sylfaenol i ddirnad Cymreictod erioed: dresal, a'r medr i arfer y treiglad trwynol. Ond dim otj rŵan os mai yn Gnarfon yda chi, neu yng Nghaernarfon; fawr o wahaniaeth pe genid chi'n Bwllheli neu ym Mhwllheli, oherwydd fethodd y treiglad trwynol ag achub neb. Mwy nag oedd yna achubiaeth mewn dresal.

Mi oedd y dresal yn fa'ma. Un nain fy nhad. Fy hen nain i felly. Mi oedd hi'n medru Frensh. Fy hen nain. Nain fy nhad.

A'r platia ar y dresal. Ond nid rhai Willow Pattern. Mae'n siŵr fod gan rheiny enwa hefyd: y platia oedd yna ar ddresal fy hen nain, nain fy nhad. Ond na fedra'r enw hwnnw ar y platia rheiny fyth fod mor gyfareddol â Willow Pattern. Dwnim oedd Willow Pattern yn gyfareddol. Ond mae o'n swnio felly rŵan. Neu am 'y mod i am iddo fo swnio felly rŵan. Oherwydd y pellter tu mewn i amser. A rhin pethau sydd allan o nghyrraedd i erbyn hyn. Yn bresennol 'doeddan nhw fawr o betha; yn absennol maen nhw'n bopeth.

A'r noson dudodd Margaret, fy ngwraig ar y pryd, fy nghyn wraig erbyn bora wedyn, y noson y dudodd Margaret wrtha' i be roedd hi wedi 'weld, pwyso'n erbyn y dresal nesh i. Pwyso cledrau'n nwylo i'r farnish yn trio meddwl am rwbath i'w ddeud. O edrach yn ôl rŵan o fama mi roedd o'n uffernol o ddigri. Mae popeth mor wahanol o fama.

Ar ganol y dresal, praid-o-plês, chwedl 'nhad, yr oedd Y Llew. Llew Dresal Nain, fel y bydda nhad yn 'i alw fo. At Llew Dresal Nain y byddwn inna'n mynd i ddeud 'n holl gyfrinacha. Mod i 'di gneud rwbath hefo fi'n hun yn hwyr yn nos yn 'y ngwely oherwydd i'r hogia erill yn 'rysgol 'y mhryfocio fi na o'n i'n gwbod dim byd a finna'n meddwl wedi i'r peth ddigwydd mod i'n marw a rhuthro lawr grisia a chydiad yn dynn, dynn yng ngwynder tjeina gwyn Llew Dresal Nain a deud wrtho fo'n ddistaw bach be o'n i wedi 'neud a mod i'n meddwl mod i'n marw pan ddigwyddodd o yn 'y ngwely gynna. Ac oerni'r tjeina gwyn yn gysur ar 'y moch i ac yn medru dampio'r cwilydd. Ac oherwydd i mi glwad y gair 'cansar' yn pasio'n drwm o geg 'y nhad i gyfeiriad Mam a'r gair yn 'i phwshio hi'n flêr i'r gadair freichia dwinna'n sibrwd i glust Llew Dresal Nain 'dim gobaith' oherwydd 'ron i 'di clwad hynny hefyd. A nhad yn deud un dwrnod wrth iddo fo ngweld i'n codi'r Llew oherwydd mod i ishio cysur ma' raid: "Watja di 'i ollwng o, neu mi fydd o'n deilchion. Mae o werth ffortiwn." A fi a'r Llew yn sbïo'n ôl ar 'y nhad oedd yn deilchion 'i hun erbyn hynny oherwydd y cansar. A mi wasgish Llew Dresal Nain oherwydd ei fod o yn gwbwl, hollol gyfa. Yn brydferth o gyfa yn ei wynder. Ac yn gneud i mi deimlo'n saff. Ac y bydda fo beth bynnag ddigwydda yn aros yn gyfa ac yn saff. Am byth. Oherwydd mae hogyn bach saith oed yn gwbod petha fela. A phawb sy'n hŷn na fo yn hollol rong.

DÜWCH

Daeth adroddiad fod rhywbeth wedi digwydd <u>nid</u> yn Iwerddon ond <u>i</u> Iwerddon. A chan nad ydi Saeson yn cymryd fawr o sylw o Iwerddon dim ond pan mae'r Gwyddyl yn nhyb Lloegr yn gwneud niwsans ohonynt eu hunain, nid oedd yna ddim byd ar y newyddion Saesneg y pnawn hwnnw. Ond mi roedd yna gyfeiriad ar Radio Cymru. Soniwyd, os cofiaf fi'n iawn, am Donegal. O leiaf fe ddechreuodd y newyddiadurwraig ar Radio Cymru geisio manylu cyn i'r hyn a feddyliodd pawb oedd yn nam ar y cyflenwad trydan ddigwydd. Y noson honno, wrth gwrs, y daeth yr eira. Nid oedd eira ym mis Gorffennaf erbyn hynny yn beth dieithr o gwbwl. Hafau Rhagfyr – Ionawr; gaeaf Gorffennaf – Awst. Felly nid oedd neb yn rhyfeddu. Ond <u>tebyg</u> i eira oedd o. O fewn oriau fe ymddangosodd y pothelli ar y dwylo a'r wynebau. Erbyn diwedd yr wythos nid oedd y Llywodraethau yn datgelu nifer y marwolaethau. Dywedwyd fod y claddedigaethau yn digwydd yng ngeudyllau yr hen chwareli yn y gogledd.

GOLEUNI

'The kiss of the sun for pardon,
The song of the birds for mirth,
One is nearer God's heart in a garden
Than anywhere else on earth.'

Mi roedd hwnna ar y dresal hefyd. Mewn ffrâm. Ond ffrâm ddu oedd rhywsut yn croesddeud gwynder Llew. *"Can you say that? Can you say that poem, Neigh?"*, meddai'r ddynas oedd mam yn 'i galw'n Mrs Armitage Shanks ond nad o'n i'n meddwl mai dyna oedd 'i henw go iawn hi oherwydd i mi glwad 'y nhad yn deud be haru ti'n 'i galw hi'n hen enw hyll felna, pam na galwi di hi wrth 'i henw iawn mae hi'n ffeind iawn. "Castoffs!" medda mam yn ôl, "Di'r hogyn 'ma ddim ishio castoffs 'i phlant hi. A be o'dd hi'n awgrymu wrth gynnwys dwy ffrog yn y bwndal dillad dwytha. Hogyn dyo! A mam, wedi iddi hi ail-olchi'r castoffs a'i smwddio nhw yn deud wrtha i'n slei bach" "Mi gadwn ni nhw'n fama am ryw bythefnos a wedyn mi gei gwisgo nhw. Fydd neb yn cofio dim." *"Well, Neigh?"*, medda Mrs Armitage Shanks, *"Can you say all that? English is so important".* A finna'n trio ac yn methu a hitha'n ysgwyd 'i phen i ddwatar anobaith a chlecian 'i thafod tu mewn i'w cheg 'run pryd. Sŵn ei thwt-twtian hi fel tap yn gollwng. 'Doedd 'na fawr o wahaniaeth nad oedd hi'n medru deud Aneurin a'n ail-fedyddio fi'n Neigh, ond mi roedd hi'n Armagedon am na fedrwn i ddeud *The song of the birds for mirth*. Methu deud Susnag yn fai moesol. Methu deud Cymraeg yn rhyw lun ar faddeuant pechodau. *"A picture for you, Nurse",* neu o leia be oedd yn swnio fel *Nurse* oherwydd fedra hi ddim deud Nerys, enw mam, chwaith. Ond doedd mam fyth yn 'i chywiro hi, mond tantro wedi iddi fynd. *"The Guides Jumble Sale, I'm afraid. But rather nice all the same. I thought of you so here you are"*. "O! Than-ciw," meddai mam oedd hefyd yn Nerys oedd hefyd yn *Nurse* gan osod y llun ar y dresal hefo'r urddas mwya. *"Those are hollyhocks"*, meddai Mrs-be-bynnag-oedd-ei-henw-iawn, *"In an English garden, eh? Can you say hollyhocks, Neigh?",* a wincio arna i fel petai hi'n edrach ar fethiant-weddill-ei-oes o'i blaen hi. "Inglish gardyn o ddiawl", meddai *Nurse* yn cydio'n y llun wedi iddi hi fynd, a hau ei wydr o hefo'i phwyri wrth iddi ynganu:

"Mynd i'r ardd i dorri pwysi
Pasio'r lafant, pasio'r lili,
Pasio'r pincs a'r rhosys cochion,
Torri pwysi o ddanadl poethion."

"Danadl poethion", medda hi drachefn yn sbïo arna i, "Fedri di ddeud hynny?" A sgarmes oesol, hen genedl yn gwreichioni wrth i lafnau dau rigwm daro'n erbyn ei gilydd. A Nerys erbyn hyn yn gosod y llun yn ôl ar ddresal, ei ostwng o am i lawr fel petai hi'n dynwared cenedl yn ildio.

DÜWCH

Beth ddaeth yn gyntaf, y pothelli ynteu'r gwynt? Ni fedraf fod yn siŵr erbyn hyn ym mha drefn y digwyddodd pethau. Ond gan nad oes yna drefn ar ôl nid yw'n gwneud unrhyw wahaniaeth. I beth fyddai rhywun eisiau trefn y digwyddiadau beth bynnag gan mai llanasd oedd canlyniad pob un o'r digwyddiadau rheiny. Ac mai dyna ydyw'r diffiniad o lanast: diffyg trefn. Clytwaith yn lle cyfanwaith. Mi ddudodd rhywun fod y goleudy ar Enlli wedi ei chwalu'n llwyr. Mewn eiliadau, medda nhw. Mae'n siŵr, dywedwyd, fod o'n iawn i bethau fel hyn ddigwydd yn yr Artic ond nid yn Aberdaron. Ond erbyn y pnawn 'doedd yna ddim Aberdaron ar ôl. Oherwydd yn cuddied y tu ôl i'r gwynt fel hen ewach fel bydda ni'n ei ddeud yn blant yr oedd y don. Erbyn y gyda'r nos yr oedd Pen Llŷn i gyd wedi mynd. Dywedwyd fod yna rywfaint bach o Garn Fadryn i'w gweld o hyd fel petai hi'n dynwared Mynydd Enlli a fu. Mynydd Enlli nad oedd yn ddigon uchel i bara. Dywedwyd fod yna rai yn mynd yno mewn cwch: i Ynys Fadryn fel y gelwid hi. A'u bod nhw wedyn yn mynd o Ynys Fadryn i Ynys Ingli yn y de. Ar ddiwrnod tawel medrid gweld Aberystwyth o dan y dŵr. Oedd hynny'n wir? Pwy â ŵyr. Ar adegau fel hyn ar chwedlau a chredoau y mae pawb yn byw. A ffeithiau'n bethau hyblyg iawn wedi mynd. Hwyrach fod yna wirionedd fod crocodilod yn Afon Menai. Er nad oedd yna Afon Menai am nad oedd yna Sir Fôn. Ond falla fod hyn i gyd wedi ei gwneud hi'n haws i gredu fod yna bla o wiberod gwenwynllyd yn ymlusgo 'mysg y chwyn a'r rwbel ar hyd hen strydoedd Bangor Ucha. A bod yna greaduriaid na welwyd mo'u tebyg ond mewn cyfrolau blaenorol ar baleontoleg wedi eu deffro o grombil chwarel Dinorwig. Roedd gwybodaeth wedi mynd yn rhywbeth prin. A thystiolaeth bendant yn beth i'w amau'n bendant. Ond roedd sicrwydd am yr epil tylluanod mwy eu maint na'r rhai arferol a oedd wedi coloneiddio Bethesda. Yr oedd aberthu yn digwydd yn rheolaidd yn Y Felinheli, Llanddeiniolen a Phentir. Mi oedd yna jôc yn gwneud y rownds: Be ydi enw prifddinas Lloegr? Dŵr oedd yr ateb.

GOLEUNI

A mi sodrodd 'i modrwy briodas yn glewt ar y dresal nes pery i'r 'kiss of the sun' lithro ac i'r Llew neidio. "Ffwc, Margaret!" medda fi. "Byth eto hynny hefo fi", medda hitha'. A mi afaelodd yn Llew. A mi ddalis 'y ngwynt oherwydd ar y foment honno mi sylweddolis i os oedd hi'n mynd i falu unrhyw beth , plîs peidied â malu Llew. Ar Julius Caesar yr oedd y bai. 'Chydig iawn sydd wedi cael Shakespeare yn dyst yn eu hysgariad nhw. "This is a slight unmeritable man," medda hi pan gerddis i mewn i'r gegin yn hollol ddiniwad. Roedd yr hen siswrn Cadi Ann 'na ben bella'r bwr' yn cogio bach sbio i ddyfnder cwpan de oedd yn dynwared mae'n siŵr y dyfnder oedd yn Cadi Ann ei hun. "Sut oedd hi?", medda Margaret. Llundan? Iawn, medda fi. "Mond iawn oedd hi?", medda hitha', "A chitha wedi mynd yr holl 'ffor?" "Be ddewis oedd gin i?", me' fi, "Os oedd cytundeb angen ei arwyddo ar fyrdar ond mynd ar 'n hyll. Fuo raid mi brynu brwsh dannadd yn Euston. Dyna ti pa mor sydyn fuo raid i mi fynd. Dyna ti hefyd fel mae prifysgolion erbyn rŵan. Mae'r hamddena academaidd wedi hen fynd." "A sut oedd Julius Caesar?" medda hi yn llawn cyffro. "Julius Caesar?" medda fi, oherwydd 'y nhro i oedd cymryd arna' rŵan. "Fuo fi hefyd ti'n gweld," medda hi, "Fi a Cadi Ann. Yn do Cadi Ann? Yn y darllediad byw yn Pontio. A mi welson Brutus a Cassius, Portia a Mark Anthony a ... chdi cofia a'r hwran 'na o Brynrefail sy'n gwithio odana chdi mewn mwy nag un ystyr mae'n amlwg. Maen nhw'n dangos y gynulleidfa ar y dechra. Nes di'm sylweddoli hynny naddo. Cadi Ann gwelodd chi gynta'. "It is a bright day that brings forth the adder." A mi sodrodd 'i modrwy briodas yn glewt ar y dresal. I am a bachelor, medda fi'n medru dyfynnu fel hitha ond wrtha fi'n hun, ac yn teimlo ryw ryddhad mewnol pan sylweddolis 'y mod i ar foment cael 'y nal wedi dechrau amgyffred yr holl fywyd newydd 'ma oedd o mlaen i, a rhyw ieuenctid yn cymryd meddiant ohono i, yr ieuenctid hwnnw sydd ym mhob dyn canol oed a'i wallt o'n britho ac yn teneuo. "Ffwc, Margaret!", medda fi'r eildro er mwyn dynwarad anghrediniaeth.

DÜWCH

Yr oedd Awstralia'n ulw. Coedwigoedd Borneo. Fforest yr Amazon. Y cwbwl yn wenfflam. Tanau'n rhefru o Sant Petersbwrg i Fiena. Golosg oedd Glasgow. Abertawe'n fflam. Buan daeth y newydd fod Coed y Brenin yn goelcerth. A bod tanau di-reol ar y copäon a'r llechweddau yn Eryri. Tua'r adeg yma, mae'n debyg, y dechreuwyd o'r diwedd edrych am esboniadau. Ar y cychwyn yr esboniad gorau oedd seren wib anferth yn taro'r ddaear yn Yemen. Disodlwyd hwnnw gan esboniad mwy tebygol sef dau fynydd llosg wedi ffrwydro ar yr un pryd, ond na wyddai neb yn iawn ymhle ond bod llwch, a'r slecs a'r mwg yn chwyrlïo hyd wyntoedd y byd, yn wir yn creu'r gwyntoedd rheiny. Gwyntoedd a oedd yn gyrru'r fflamau drwy'r byd benbaladr. Yr oedd hyn yn swnio'n ddilys hyd nes i dystiolaeth uwch gyrraedd – roedd llygad dystion – fod chwe llong ofod wedi glanio un nos Fawrth ym Mhumlumon. Ond yr oedd rhywun wedi rhagweld hynny fisoedd yn ôl pan agorwyd bol ewig ac i'r ymasgaroedd ddisgyn yn annisgwyl ac yn groes i'r arfer i'w law aswy, ac yno yn y gwaed a'r llysnafedd yr oedd maen onycs bychan. Roedd y ffeithiau yno o'r cychwyn cyntaf ond bod y rhai a ddylai wybod yn well yn gyndyn o'i derbyn. Y cyndynrwydd hwnnw oedd yn gyfrifol am hyn oll. I wneud pethau'n waeth yr oedd silffoedd Pepco bellach yn wag. Ni welwyd argyfwng creision, pot nŵdl a phupur hafal i hwn. Ond yn y diwedd, nid oedd yr un o'r esboniadau hyn yn ddigonol. Yr oedd angen rhywun neu rywrai i'w beio. Ac yn fwy felly pan ddaeth y niwl.

GOLEUNI

Exit Margaret fel *Exit Ghost*, felly. A phriodas ugain mlynedd ballu ar ben. Wrth golli un cariad mae 'na gariad arall yn dwad yn ei le. Dyhead yn esgor ar ddyhead. Fel 'na mae hi? Efallai mai hefo Julius Caesar y dechreuoedd o. Nid dechrau ond ail-gydio. Ail gynnau fy ngahriad at lenyddiaeth. Mi agorish y cwpwr' chwith yn y dresal ac yno yn y cefn, mi wyddwn, yr oedda nhw. Hen lyfrau coleg. "Cofia di", fydda Mam yn 'i ddeud, "ma'r dresal 'ma fel dy feddwl di yn llawn cuddfeydd; ac yn y cuddfeydd geriach a llanasd anghofio, y bydd rhyw angen yno ti ryw ddwrnod yn eu pwnio nhw o'u trwmgwsg i ddeffroad. Yn y diwadd fedri di ddim ca'l gwarad ar ddim byd dim ond gada'l iddyn nhw suddo'n ara bach i ryw ben draw ac mi ddo' nhw'n ôl ar adega i'r wynab, weithia' fel gelynion, weithia' fel ffrindia." Ac o ben draw'r cwpwr' mi dynnis allan gyfeillgarwch geiria'. A dyma fi'n dechra darllan yn uchel:

'Yr oedd yr awyr yn frith ohonynt – ugeiniau, cannoedd, miloedd, miliynau ohonynt. Disgleirient yn oer, ddigywilydd i guddio'u noethni. Yno'r oeddynt bob nos gyda'u hamynedd rhyfedd – mor ofnadwy o drefnus, yr un adeg yn yr un lle, yn troi ac yn troi, ar bererindod heb hun na hepian, ddydd ar ôl dydd, nos ar ôl nos, wythnos ar ôl wythnos, a blwyddyn ar ôl blwyddyn, o ddechrau amser hyd yr awr hon. Syllodd Adda ac Efa arnynt yng ngardd Eden. Holodd Cain eu hynt, a charodd Abel eu gloywder pur. Arweiniodd un ohonynt y doethion o'r dwyrain trwy blas brenin i breseb.'

Ar hap y dewisais i'r llyfr o blith y llyfrau eraill. Ar hap y dewisais be i'w ddarllen: Y dudalen gyntaf fel mae'n digwydd ond medrai fod wedi bod y bymthegfed. Ar un wedd – doedd na'm dewis yno o gwbl. Ond eto, yn y darllen, rhyw amgyffrediad yn lledu drosto i mai nhw oedd y geiria' iawn tu draw i hap a dewis fel ei gilydd. Rhywbeth llawer is, fel petai iaith ac angen yn canfod ei gilydd ar yr adeg iawn, a'r geiriau fel eiddew ar wal yn dal cerrig emosiwn a meini teimlad yn eu lle i greu patrwm digon da a derbyniol, ac yn bwysicach, yn ffurfio rhyw lun ar ddedwyddwch yn y galon sydd yn ein hydreiddio ni am ddigon o amser i'n galluogi ni i gario 'mlaen. Mai dyna yw llenyddiaeth a fy angen i amdani: fod lli' geiriau neilltuol a cherrynt teimladau penodol, anystywallt yn aml, yn aberu hefo'i gilydd am gyfnod mewn bae o osteg a phrydferthwch.

‘A oedd rhywun yn effro ddydd a nos, rhyw wyliedydd digwsg ar y tŵr, yn llywio sêr y nen?’

DÜWCH

A daeth y niwl o’r môr. Y niwl a ymosododd gyntaf ar blant. Y crawn a’r llysnafedd yn swatio yn eu hysgyfaint. Yn sgil hyn ymddangosodd y gair ‘Drygioni’. Ac wrth ei gwt yr ymadrodd,‘Yr Un Drwg’. Yr oedd ‘Pobl Ddrwg’ yn ein plith. Llaweroedd ohonynt. ‘Y Farn’ oedd hyn i gyd. A ‘chosb’. Rhaid felly oedd chwilio “am rywrai i’w cosbi”. A daeth i’r amlwg garfan a elwid ‘Yr Hen Betha ‘Na’. Carfan y darganfyddwyd fod iddi ddwy ran: ‘Yr Hen Betha ‘Na o’r Ochor Draw’ a’r ‘Hen Betha ‘Na o Fan’cw’. Ond nid oedd hi’n gwbl amlwg pwy yn hollol oedd ‘Yr Hen Betha ‘Na’, a sut y medrid gwahaniaethu’n gywir rhwng ‘Yr Ochr Draw’ a ‘Fan’cw’. Felly yr oedd pawb dan amheuaeth. Ond medrai rhai wahaniaethu; yr oedd elît. Yr oedd y wybodaeth ganddynt. Ambell dro fe welid un o Bobl yr Wybodaeth ar y stryd. Fferai pawb arall wrth iddo fynd heibio. Y ffordd orau o liniaru unrhyw ofn y medrai Pobl y Wybodaeth ei ennyn ynoch oedd drwy gytuno â hwy a darbwyllo eich hun mai nhw oedd yn iawn, oherwydd ganddynt hwy oedd y peth hanfodol hwnnw, ‘Awdurdod’. Yr oedd eu hiwnifform hefyd yn un i’w deisyfu. Ac ambell bishyn yn eu plith. Ar fraich y golau trydan y tu allan sylwais un diwrnod yr oedd tair colomen enfawr fel petaent wedi pesgi i’r maint yna drwy lyncu colomenod eraill. Daeth cnoc ar y drws. Syrthiodd y dair colomen i’r llawr a ffrwydro ill tair yn gawodydd o blu, gwaed a chig. Yr oedd y drewdod hyd yn oed o’r tŷ yn affwysol. Mae’n debyg i rhywun eu saethu. Yr oedd llawer o saethu yn digwydd. Dirnadais fod pethau yn dyfod yn nes. Yr oedd ‘Gwirionedd’ ar gerdded. ‘Y Gwirionedd’ ei hun. Daeth cnoc ar y drws.

GOLEUNI

Yr oeddwn i eisoes wedi penderfynu peintio’r ddresal yn wyn. Hynny oedd y cyfarwyddyd swyddogol: gwynnu popeth. Hynny’n unig a fyddai’n ein cadw’n ddiogel o hyn ymlaen. Mewn gwynder yr oedd ein hachubiaeth. Ond yr oeddwn i wedi penderfynu peintio’r ddresal yn wyn cyn hyn i gyd. Oherwydd, a hwn oedd y cwestiwn tyngedfennol, pa mor wyn oeddwn i mewn gwirionedd? A oedd fy egwyddorion i'n wyn? Fy meddyliau i'n wyn? Fy naliadau i'n wyn? Fy nghredoau i'n wyn? Oherwydd yng nghefn y llyfryn bychan yr oedd pawb wedi ei dderbyn yn rhad ac am ddim yn hollol ddi-gost, nid oedd angen talu amdano o gwbwl, yr oedd siart y Deng Gradd o Wynder. Y norm, y lle naturiol oedd Gradd 5. Y lle canol. Petawn i'n frwnt o onest fe roddwn radd 6 i mi fy hun. Gwyddwn wrth gerdded y strydoedd penodedig i fynychu'r siopau penodedig fod llygaid pawb yn edrych arna i er mwyn penderfynu Gradd fy ngwynder, fel yr oeddwn innau bellach yn edrych arnynt hwythau i fesur eu gwynder hwy. Os dywedai rhywun rywbeth wrthyf byddwn gyntaf oll cyn ymateb yn gwerthuso'n fewnol wynder y dweud. Y mae rhagor rhwng cystrawen a chystrawen, mewn gwynder. Y Graddau peryglus oedd Un a Dau; Naw a Deg. Cyfrifid Un a Dau yn or-naturiol ac felly bod rhywun wedi camddefnyddio'r cemegau y medrid eu prynu ar y farchnad gudd. Ac wrth reswm bydda Naw a Deg yn arwain pawb i'r casgliad fod mwngraleiddio wedi digwydd rywbryd neu'i gilydd; fod purdeb wedi ei lastwreiddio a'i golli. Ond nid oedd diogelwch gwybod mai 6 oeddwn i yn caniatáu i mi lacio fy ngafael ar yr angenrheidrwydd o holi bob awr o'r dydd am fy ngwynder mewnol. Gwynder fy ffynnonellau. Gwynder fy nghymhellion. Gwynder fy ymdrechion. Gwynder fy nibenion. Gradd y gwynder mewnol hwn oedd unig ernes unrhyw iachawdwriaeth o werth. A oeddwn, felly, yn credu'n ddigonol yn Y Gwynder? Â'r siart yn fy llaw yr oeddwn yn peintio'r dresel. Heb os, yr oedd Gwynder Gradd 5 ar flaen y brwsh paent. Plesiodd hynny fi'n fawr. Daeth cnoc ar y drws.

DÜWCH

Mi deimlais yno 'i, er na ddylwn, ryw awydd angerddol am gysur enwau. Blodeuwedd. Branwen. Arianrhod. Rhiannon. Heledd. Dyddgu. Morfydd. Lleucu. Gwerfyl. Carys. Fel petai pob enw'n aur amhrisiadwy yng nghyfnewidfa chwit-chwat teimlad. Yn leoliadau o ddedwyddwch yn y mynd a'r dwad. Hwyrach mai'r meddwl hereticaidd hwn a barodd i'r Gwynder Mewnol gael ei ddifwyno. Felly pan agoris y drws meddyliais ar fy ngwir iddo ddweud: Llew Dresal Nain. "Dwi mewn lwc", medda fi wrtha fi'n hun, a bod yr hyn a oedd yn gyfa drachefn yn ôl. Ond "Llef Ddistaw Fain", ddywedodd o. Yn wir hustyngodd. O ble ynof ar y foment honno y daeth yr hen air hwnnw i mi? Yr oedd fy Ngwynder, meddai, yn hollol ffals. Nid oedd yn ddigon Gwyn o gwbwl. Dangosodd y siart i mi. Nid Gradd 6 oeddwn i wedi'r cwbl. Ia, taerais. Na, meddai'r Llef Ddistaw Fain yn ei lef ddistaw fain, Gradd 9 wyt ti. Yr oeddwn wedi twyllo fy hun ac eraill. Dywedodd fy mod innau hefyd wedi dod yma o Fan'cw neu o'r Ochor Draw. Nid oedd wahaniaeth p'run. Gwelodd drwy'r drws agored fy mod wedi dechra peintio'r ddresal. Byddai yn defnyddio hynny fel tystiolaeth yn fy erbyn. Fy mod yn euog o wyngalchu. Arnaf fi yr oedd y bai. Y fi oedd yn gyfrifol. Oherwydd hynny nid oes dewis o gwbwl. Nid oedd unrhyw ddewis ar ôl. Yr oeddwn i'm hebrwng. Na, nid oedd angen imi bacio dim byd. Wedi'r cyfan, noeth y deuthum; noeth y dychweli, dywedodd.

GOLEUNI

Y WAL WEN YN PEFRIO

Y DYN GWYN a'r WAL WEN bellach yn un.

Diwedd

AJW 25 Mawrth 2020